www.ingramcontent.com/pod-product-compliance
Lightning Source LLC
LaVergne TN
LVHW010406070526
838199LV00065B/5907

جاگتی راتیں

(غزلوں کا مجموعہ)

رشید شہیدی

© Taemeer Publications LLC
Jaagti Raatein *(Poetry)*
by: Rasheed Shaheedi
Edition: December '2024
Publisher :
Taemeer Publications LLC (Michigan, USA / Hyderabad, India)

ISBN 978-93-6908-063-2

مصنف یا ناشر کی پیشگی اجازت کے بغیر اس کتاب کا کوئی بھی حصہ کسی بھی شکل میں بشمول ویب سائٹ پر اَپ لوڈنگ کے لیے استعمال نہ کیا جائے۔ نیز اس کتاب پر کسی بھی قسم کے تنازع کو نمٹانے کا اختیار صرف حیدرآباد (تلنگانہ) کی عدلیہ کو ہو گا۔

© تعمیر پبلی کیشنز

کتاب	:	**جاگتی راتیں** (غزلوں کا مجموعہ)
مصنف	:	**رشید شہیدی**
صنف	:	شاعری
ناشر	:	تعمیر پبلی کیشنز (حیدرآباد، انڈیا)
سالِ اشاعت	:	۲۰۲۴ء
صفحات	:	۹۸
سرورق ڈیزائن	:	تعمیر ویب ڈیزائن

اِنتساب

قبلہ گاہی سعید الشعراء حضرت سعید شہیدی مدظلہ

کے نام

جن کے نقشِ قدم کی رہبری سے
مجھے یہ مقام حاصل ہوا

○

جاگتی راتیں اور رشید شہیدیؔ

○

رشید شہیدی کا "کلام کا پہلا مجموعہ "فرازِ نظر" ۱۹۸۲ء میں شائع ہوا تھا۔ ایک سال کی مدّت کے اندر ان کی غزلوں کا دوسرا مجموعہ "جاگتی راتیں" آپ کے سامنے ہے۔ اس مختصر سی مدت میں ان کے فن کے عوامل اور عناصر میں کیا ارتقا ہوا ہے، اس کا جائزہ ضروری نہیں ہے اس لئے کہ ایک سال کی مدت بہت کم ہے اور ذہنی ارتقا کا عمل طویل عرصوں کے درمیان ہوتا ہے۔ ایک واضح بات جو دونوں مجموعوں میں فرق کرواتی ہے، وہ یہ ہے کہ "فرازِ نظر" میں رشید کی وہ تمام غزلیں شامل ہیں جو انہوں نے ۱۹۶۹ء اور ۱۹۸۳ء کے دوران کہی تھیں۔ اس طرح ابتدائی غزلوں میں جو روایتی انداز تھا اس کو شعوری طور پر ترک کرنے کے بعد انہوں نے اپنے طرزِ ادا میں جو جدّت پیدا کی ہے اس کی نمایاں جھلک بعد کی کہی ہوئی غزلوں میں ملتی ہے۔ اس اعتبار سے پہلا مجموعہ ان کے شعری اوصاف کے سفر کی روداد ہے اور موجودہ مجموعہ میں منزل پر قیام کے آثار نمایاں ہیں۔ مگر یہ قیام کی انتہائی منزل نہیں ہے، کیونکہ آئندہ شعر و سخن کی راہیں ان کے لئے کھلی ہوئی ہیں جس پر وہ یقیناً آگے بڑھتے

جاگتی راتیں

رہیں گے۔ یہاں قیام سے مراد زندگی کے فلسفہ کو سمجھ لینے کی طرف اشارہ ہے۔ اس عظیم فلسفہ کو سمجھ لینے کے بعد تجربات اور مشاہدات کی باریکیوں پر ان کی نظر جائے گی اور اس کا ردِ عمل شعر کی صورت میں ظاہر ہوگا۔ زندگی کے یہ تجربے اور مشاہدے کس قسم کے ہوں گے اس کا تعین مشکل ہے۔ اس لئے کہ اس کا انحصار عالمی صورتِ حال، قوم و ملک میں پیدا ہونے والے انقلابات، شہر کے روز و شب کے بدلتے ہوئے رنگوں کے ساتھ ساتھ رشید کی اپنی زندگی کے مسائل اور ان کے مقابل میں ان کے رویّہ پر منحصر ہے۔ اس مجموعہ کی غزلوں سے اس بات کا اندازہ تو ہوتا ہے کہ زندگی کی آفاقی قدروں کی پہچان میں ان کا شعور پختہ کار ہو چکا ہے۔ اس لئے مستقبل میں ان اقدار سے انحراف کا اندیشہ نہیں ہے اس لئے ان کی ترقی زبان و بیان کی خوبصورتی اور اظہار کی ندرت سے متعلق ہوگی۔ اور چونکہ شعر گوئی کے فن میں ترقی کے ان مدارج کی کوئی خاص حد معین نہیں ہے اس لئے آنے والا وقت بتائے گا کہ وہ کہاں تک جا سکتے ہیں۔

زیرِ نظر مجموعہ سے آج اس بات کی تصدیق تو ہوتی ہے کہ زندگی کے ... موضوعات پر انہوں نے بہت معیاری اور خوبصورت شعر کہے ہیں اس لئے میرے اس خوشگوار تاثر سے قارئین اور ناقدین بھی اتفاق کریں گے کہ ان کے کلام کے حسن اور زبان و بیان کی دل آویزی میں ضرور اضافہ ہوگا۔ ان کے کلام سے اس سلسلہ میں کچھ اشعار نقل کرنے سے پہلے اس بات کی وضاحت بھی ضروری ہے کہ گذشتہ 15، ۲۰ برس سے مسائلِ حاضرہ کو نئے لب و لہجہ کے ساتھ شعر کے قالب میں پیش کرنے والے فنکاروں کا ایک بڑا طبقہ ایسا ہے جن کے اظہارات میں ایک طرح کی یکسانیت اور یک رنگی

جاگتی راتیں

نظر آتی ہے۔ یہ بات تعجب خیز اس لئے نہیں ہے کہ واردات کی نوعیت مشترک ہوگی تو ردِّ عمل بھی ایک طرح کا ضرور ہوگا۔ اس کی مثال یوں ہے کہ اگر ایک کثیر مجمع کسی کھلے میدان میں بے سایہ ہو کر شدید بارش سے بھیگ جائے تو سب ہی یہ کہتے ہوئے ملیں گے کہ یہ بارش ان کے لئے ایک حادثہ بن گئی۔ اسی طرح دورِ حاضر میں طبقاتی تفاوت مختلف قسم کی محرومیاں، انسان دشمنی، منافقت، زندگی کی اچھی قدروں سے محبت میں کمی، رقابتیں اور سچائی سے گریز ایسی تکلیف دہ حقیقتیں ہیں جن سے کسی کا بے تعلق رہنا ناممکن ہے اور حساس ذہن کا تعلق تو یہی ہے کہ وہ ردِّ عمل میں تلخ اور طنز آمیز لب ولہجہ اختیار کرلیتا ہے یا پھر انتہائی رنج اور دکھ کا اظہار کرتا ہے۔ یہی حال آج کے فنکاروں کا ہے۔ ردِّ عمل کی اس مشترکہ صورتِ حال کے باوجود انسانی نفسیات کے بے پناہ اور لاتعداد گوشے ہر فرد کے ردِّ عمل میں کچھ نہ کچھ انفرادیت پیدا کر دیتے ہیں۔ اس لئے ہر باصلاحیت شاعر کی چند خصوصیات اس کو اس اجتماعِ کثیر میں بھی نمایاں کردیتی ہیں۔

رشید کی شاعری کی یہ خصوصیات ان کا طنز اور اظہار ہیں۔ تلخ لہجہ ہیں۔ لیکن تلخی اور طنز کے اظہار میں جدید اسلوب کے ساتھ وہ تہذیب بھی نظر آتی ہے جو شائستہ ذہن کی علامت ہے۔ ان کے یہ اشعار احساس کی تلخی اور اظہار کی شائستگی کے بہترین امتزاج کا نمونہ ہیں:-

محبت نام کی شئے سے کوئی واقف نہیں ہوگا
یہی ہیں آنے والے دور کے آثار لکھ ڈالو

○

جاگتی راتیں

سُنا ہے شہر میں پابندیاں ہیں آہوں پر
اگر یہ سچ ہے تو پھر واقعی تماشہ ہے

○

ظلم سے اتنی لاشیں گرا یں
ڈھونڈتے ہیں کفن راستے

○

وہاں نورو ندا گیا گلوں کو، وہاں تو مسلی گئی ہیں کلیاں
اب ایسی صورت میں تم بتاؤ میں کیا کروں گا چمن میں آکر

جلتی ہوئی بستیوں میں اور خطرات سے گھری ہوئی زندگی میں ہم نے جس طرح زندہ رہنے کے لئے خود اپنے آپ سے اور خارجی عوامل سے سمجھوتہ کرلیا ہے اس کو رشید نے ذیل کے شعر میں "اُدھار" کہہ کر بڑا طنز کیا ہے مگر شہر سے محبت کی مجبوری کی وجہ سے کوئی اور صورت بھی نہیں تھی :-

یہ جلتا شہر تو اپنا ہے چھوڑتے کیونکر
اُدھار مانگ لی راہِ نجات کیا کرتے

تھکن بکھے باوجود روایات کی اساس پر ایسی مفاہمت کا اظہار ذیل کے اشعار میں بھی خوبصورت ہے :-

کیا ہے تھک کے ہم نے درد کے رشتوں سے سمجھوتہ
ہمارا ساتھ دیں گے آپ کی زلفوں کے خم کب تک

جاگتی راتیں

آزمائش کا تسلسل اب نہیں ہوگا تمام
اس کشاکش میں تو ممکن ہے صدی تھک جائیگی

○

شہر کا شہر ہی حالات کے ٹھہراؤ میں تھا
کب تلک قلب کو زخموں سے بچاتے جاتے

○

قتل، غارتگری، دریوزہ گری لوٹ کھسوٹ
یہ تو لگتے ہیں مرے شہر کے آداب مجھے

مضمون کے ابتدائی حصے میں یہ بات میں نے کہی ہے کہ رشید زندگی کے فلسفے اور آفاقی اقدار کی جان پہچان میں کامیاب نظر آتے ہیں۔ اس کتابِ زندگی کا اہم باب "شعورِ ذات" بھی ہے اگر اس پر کچھ کیا جائے تو ایسے اشعار گہرے فلسفیانہ شعور کی نمایندگی کرتے ہیں۔

رشید نے اپنی ذات کی سیر بھی کی ہے جس کا ثبوت یہ اشعار ہیں:-

مسرّتوں کے تسلسل سے تھا جو ویرانہ
تمہارے غم سے وہیں زندگی کا چرچا تھا

○

تمہارے غم سے ہی جینے کا لطف ہے ورنہ
یہ غم نہیں ہے تو پھر زندگی تماشہ ہے

جاگتی راتیں

آپ کا غم امانتِ فطرت
اک سہارا ہے جاوداں بھی ہے

○

بدن کے زنداں میں قید ہو کر میں خود ہی اپنی تلاش میں ہوں
نہ جانے کیوں لوگ ڈھونڈتے ہیں مجھے تری انجمن میں آکر

○

بہت ہجوم تھا زخموں کا غم کی بستی میں
تلاش ایسے میں ہم اپنی ذات کیا کرتے

○

غم کی لطافتوں پہ نچھاور ہے ہر خوشی
یہ مختصر سی بات ہے تسلیم کر کے دیکھ

○

خود اپنے جسم کے اندر میں ایک مدت سے
کسی کے درد کے احساس کی روانی ہوں

○

ویسے تری نگاہ میں اک آئینہ ہوں میں
لیکن بدن میں ٹوٹ کے بکھرا ہوا ہوں میں

○

اشعار وافکار پڑھنے والوں کے سامنے ہیں، میں نے صرف چند ایسے شعر نقل کئے ہیں جو شاعر کی خصوصیات کے جائزہ کے لئے ضروری تھے۔

اس مجموعہ کے نام کے سلسلہ میں بھی رشید نے مجھ سے خواہش کی تھی۔ ان کے اشعار میں رتجگے، بے خوابیوں اور شب زندہ داریوں کے تذکرے جگہ جگہ ہیں اس لئے میں نے اس مجموعہ کا نام "جاگتی راتیں" تجویز کردیا تھا۔

اب میں سوچتا ہوں کہ یہ نہ جانے کونسا شعوری یا نیم شعوری عمل تھا کہ اس نام کا ان کے پہلے مجموعۂ کلام کے نام سے ایک گہرا ربط بھی پیدا ہوگیا ہے گویا "فرازِ نظر" نے ان کو جن بلندیوں اور وسعتوں تک پہونچایا وہاں سے انہوں نے کچھ ایسی حقیقتوں کا مشاہدہ کیا کہ جس کے نتیجے میں ان کی آنکھوں کے لئے بے خواب راتیں اور شعور کے لئے شب زندہ داریاں ان کا مقدّر بن گئی ہیں۔ یہ اچھی علامتیں ہیں۔

اگر یہ رتجگے اور شب بیداریاں جاری رہیں تو یقیناً زندگی کے رخ سے کئی اور پردے ہٹ جائیں گے۔ اور پھر ان کا اظہار ان کی شاعری کو حسین سے حسین تر بنا جائے گا۔

یہ میری تمنّا بھی ہے اور دعا بھی۔

اس مجموعۂ کلام کی اشاعت پر مبارکباد کے اوّلین حقدار برادرِ محترم سعید الشعراء حضرت سعید شہیدی ہیں۔ کیونکہ اب یہ بات محکم ہوگئی ہے کہ شعر گوئی کے سلسلہ میں ان کی خاندانی روایت صرف قائم نہیں ہے بلکہ مستحکم بھی ہے۔

شرحِ دستخط

(آفتابِ دکن) علّامہ اختر زیدی

ہدیۂ تشکّر

میں تہہِ دل سے اپنے اُن ہر دل عزیز
بھائیوں کا ممنون و مشکور ہوں کہ
جن کا بھرپور تعاون
"جاگتی راتیں" کی اشاعت کا سبب بنا

رشید شہیدی

کرب کے ہر ہر ورق پہ پھیلی ہیں
میری آنکھوں کی "جاگی راتیں"

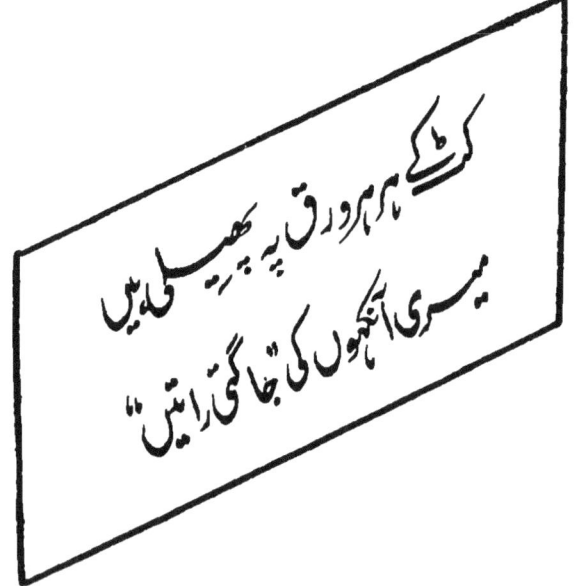

جاگتی راتیں

○

کس کو دکھاتے تحفہ میں جو ڈھو کے آئے ہیں
سب داغ، دل کے اشکوں سے ہم دھو کے آئے ہیں

خوشیوں کی انتہا بھی تو چہرہ بھگوتی ہے
یہ کیوں سمجھ رہے ہو کہ ہم رو کے آئے ہیں

خود تم نے کی، کہ پیار کی تشہیر ہم نے کی
کیوں نام اشتہار میں ہر دو کے آئے ہیں

خاموش شامیں، رتجگے، اشکوں کی بوند بوند
سب کچھ تمہارے شہر میں ہم کھو کے آئے ہیں

دیں گی ادب کی فصلیں نئے ذہن اب کی بار
ہم پیکرِ جدید کے سر بو کے آئے ہیں

جاگتی راتیں

اِس کو قبول کرلے کہ دُکھتا ہے اب بدن
کچھ قرض تیرے زخموں کا ہم ڈھو کے آئے ہیں

ممکن نہیں ہے ضبطِ الم ان کو کیا خبر
کچھ اشک اپنے پلکوں پہ ہم رو کے آئے ہیں

حالات کے اندھیرے ہمیں کیا جگائیں گے
زخموں کی جلتی دھوپ میں ہم سو کے آئے ہیں

خوش آمدید کہہ کے گلے سے لگائیے
اشکوں کی سرزمین سے ہم ہو کے آئے ہیں

یادیں اکیلا پا کے ستائیں تمہیں اگر
ہم آئیں یا نہ آئیں سمجھ لو کہ آئے ہیں

پہنچے تھے خالی ہاتھ ہی اس بزم میں رشیدؔ
لوٹے تو ایسا لگتا ہے کچھ کھو کے آئے ہیں

جاگتی راتیں

○

غموں کی آگ میں کچھ گھر جلے مکین جلے
خود اپنی آگ میں لیکن تماش بین جلے

اجارہ داری کی بھٹی میں پل رہا تھا ادب
تو فاصلوں ہی سے فن کار بہترین جلے

ہے قلب و ذہن میں محفوظ گرم راکھ ایک
ہماری آنکھوں میں منظر کئی حسین جلے

جو چھپ گیا ہے پڑھو کس کو فرصتِ تصدیق
گھروندے تیس ۳۰ جلے یا مکان تین جلے

لہو بہا کے تو آئے ہو بے گناہوں کا
کہیں نہ خون کی گرمی سے آستین جلے

جاگتی راتیں

○

یہ کیسا دَور ہے انسان کا معیار زخمی ہے
تمہارے شہر میں ہر شخص کا کردار زخمی ہے

کہو کیسے مدھر گیتوں کی دھُن تم کو سُنائیں ہم
ہمارے ساز کا ٹوٹا ہوا ہر تار زخمی ہے

تسلّی کے لئے کس طرح پہنچے گا کوئی ہم تک
ہمارے گھر کی جب ہر سمت سے دیوار زخمی ہے

یہ سن پڑھ کر لہو روئے جسے وہ سُرخیاں لے کر
بس اک عرصے سے یاں ہر صبح کا اخبار زخمی ہے

صدا آتی تو ہے لیکن بہت آہستہ آہستہ
یہ کس کے پاؤں کی زنجیر کی جھنکار زخمی ہے

○

سانسوں کا قرض اُترتا ہے پائندہ کون ہے
سب چلتی پھرتی لاشیں ہیں یاں زندہ کون ہے

آیا ہوں تیرے شہر میں خوشیوں سے روٹھ کر
مجھ سے مِلا دے غم کا نمائندہ کون ہے

بستی سے ٹوٹے نغموں کی آتی ہے اب صدا
بڑھ کر ذرا یہ پوچھو کہ سازندہ کون ہے

ہر شخص خود کو کہتا ہے جب آج کا نقیب
بتلاؤ پھر ضمانتِ آئندہ کون ہے

اب بستیوں میں موت کی گلیوں کا راج ہے
اے شہرِ زندگی ترا باشندہ کون ہے

(۱)

دیارِ چشم پہ آئے کھڑے رہے برسوں
تمھاری یاد میں آنسو تھمے رہے برسوں
تمہارے شہر کے منظر نئے رہے برسوں
ہر ایک موڑ پہ مقتل سجے رہے برسوں
جو دل کے زخم تھے اُبھرے تو چور چور ہوئے
کہ جیسے سنگ کے نیچے دبے رہے برسوں
سُلگتی یادوں کے صحرا میں زندگی بن کر
تمھاری یاد کے گیسو گھنے رہے برسوں
سِسک سِسک کے جو چہرہ بھگوئے دیتے تھے
ہماری آنکھوں میں وہ رتجگے رہے برسوں

○

حیات و موت میں رسّہ کشی تماشہ ہے
ہمارے شہر کا یہ لازمی تماشہ ہے

نظر میں اپنی ہی پرچھائیاں اُلجھتی ہیں
تمھاری نظروں میں ایسا کوئی تماشہ ہے

سُنا ہے شہر میں پابندیاں ہیں آہوں پر
اگر یہ سچ ہے تو پھر واقعی تماشہ ہے

تڑپ رہا تھا جو کل بھوک سے وہ قتل ہوا
گراں سہی یہ بہت واجبی تماشہ ہے

اگر چمن میں بہار آئی بھی تو کیا حاصل
ترے بغیر گلوں کی ہنسی تماشہ ہے

جاگتی راتیں

سُلگتی آہوں کی فریاد، شور، سنّاٹا
ہر اک نگاہ یہاں دیکھتی تماشہ ہے

تمہارے غم سے ہی جینے کا لطف ہے ورنہ
یہ غم نہیں ہے تو پھر زندگی تماشہ ہے

کہو تو قلب کے زخموں کے در کھُلے رکھوں
کہ تم بھی دیکھ لو یہ عارضی تماشہ ہے

وہ دیکھو جلتے ہوئے گھر ہیں بجھ نہ جائیں کہیں
چلو کہ دیکھ لیں تازہ ابھی تماشہ ہے

اندھیری رات میں کیوں، دن میں قتلِ عام کرو
کہ راہِ ظلم میں شائستگی تماشہ ہے

جاگتی راتیں

○

ہیں مسافر کا مَن راستے

روشنی کی کرَن راستے

کیسے آئیں ترے شہر تک

ہیں صلیبوں کا بن راستے

ہاں اِسی شہر میں چھُپ گئے

چھین کر میرا امن راستے

راہِ حق پر ہوں گر گامزن

دُور کر دیں تھکن راستے

ایک مدّت سے بچھڑے ہوئے

دو دِلوں کا مِلن راستے

جاگتی راتیں

شرم سے ہیں شجر سر جھکائے
مفلسوں کا وطن راستے
تیری بستی سے جاتے ہیں کیوں
سوئے دار و رسن راستے
ظلم سے اتنی لاشیں گریں
ڈھونڈتے ہیں کفن راستے
کر رہا ہوں ترا انتظار
بن رہے ہیں دلھن راستے

○

جاگتی راتیں

○

دیتے ہیں ترے شہر میں یہ کیسی سزا لوگ
کر دیتے ہیں ہر شخص کو پابندِ وفا لوگ

ہم نے تو زمانے کو نئی فِکر عطا کی
اب دیکھنا یہ ہے کہ ہمیں دیتے ہیں کیا لوگ

ہے تیرا تصوّر بھی زمانے کی حدوں میں
کہتے ہیں اِسے اپنے مقدّر کی عطا لوگ

دے کر تجھے ہونٹوں کی ہنسی اشک کے موتی
یوں کرتے ہیں کچھ قرضِ محبّت کا ادا لوگ

جو اشک ترے غم میں بہا کرتے ہیں دل سے
کرتے ہیں اُن اشکوں کے وسیلے سے دعا لوگ

جاگتی راتیں

○

میں مختصر سا قیام کرلوں جو تو کہے، تیرے من میں آ کر
سکوں مسافر کو مل ہی جائے گا چند لمحے وطن میں آکر

بتائیں کیا قتل کے مناظر جو تیری بستی میں ہم نے دیکھے
کبھی تری انجمن کی راہوں میں اور کبھی انجمن میں آکر

جو نکلے حق کی تلاش میں ہم تو راستے بن گئے سہارا
بھٹک گئے راستوں سے کچھ لوگ سازشِ راہزن میں آکر

یہ زخم کی آنکھ سے ٹپکتا ہوا لہو ہم کیسے دِکھاتے
سکوں مِلا زندگی ملی ہے تو بس تمہارے چمن میں آکر

ہے ذہن حیراں نظر سوالی، یہی تو کل موت کے تھے والی
جو آج آنسو بہا رہے ہیں لٹی ہوئی انجمن میں آکر

جاگتی راتیں

بدلتے موسم سے پھر تو ہرگز ہمیں کوئی واسطہ نہ ہوگا

جو چند لمحے قیام کرلیں حضور صحنِ چمن میں آکر

چلے تو تھے تیری جستجو میں ہیں دشتِ بےسمت میں اب ایسے

کہ جیسے پردیس میں مسافر گھرے صلیبوں کے بن میں آکر

امڈتے ہیں آنسوؤں کے بادل، لہو کی برسات ہو رہی ہے

گلی گلی بھٹکتی ہیں لاشیں یہاں تلاشِ کفن میں آکر

دلوں کی شاداب سرزمیں پر فساد کے بیج بو رہے ہیں

"سبق عداوت کا دے رہے ہیں وہ پیار کی انجمن میں آکر"

وہاں تو روندا گیا گلوں کو، وہاں تو مسلی گئی ہیں کلیاں

اب ایسی صورت میں تم بتاؤ میں کیا کروں گا چمن میں آکر

بدن کے زنداں میں قید ہوں کہ میں خود ہی اپنی تلاش میں ہوں

نہ جانے کیوں لوگ ڈھونڈتے ہیں مجھے تری انجمن میں آکر

جاگتی راتیں

نگاہ تجھ سے ملی تو جیسے ہمیں یہ محسوس ہو رہا تھا
نقاب اوڑھے ٹہل رہی ہے حیا کی سرخی نین میں آکر
رشید دیکھے ہمیں سہارا بہت ہی دشوار رہگذر ہے
مری غزل کہہ رہی ہے مجھ سے جدید طرزِ سخن میں آکر

جاگتی راتیں

○

حال پوچھا نہ کوئی دل کے ٹھہر جانے پر
انگلیاں اٹھنے لگیں درد کے افسانے پر

آپ اس شہر میں ممکن ہے نئے آئے ہوں
سب ہی حیران ہیں اک بستی کے جل جانے پر

غم کو پینا ہو تو ساقی کی نگاہوں سے پیو
کیوں نگاہیں ہیں چھلکتے ہوئے پیمانے پر

جام میں زہر تو ساقی بھی ملا سکتا ہے
لوگ الزام لگا دیتے ہیں میخانے پر

آگ برسے کہ لہو برسے کہ پتھر برسیں
یہاں پابندی ہے بس اشکوں کے برسانے پر

ایسے ماحول میں تقدیر تو کیا بدلے گی
جہاں آزادی ہو چہروں کے بدل جانے پر

جاگتی راتیں

سر جھکانے میں اگر دل بھی ہو شامل تب ہی
آستاں بنتا ہے سجدوں کے سمٹ جانے پر

○

دو شعر

سکوتِ شہر پہ کیوں اسقدر پریشاں ہو
وفا کی راہ سے کچھ لوگ ہٹ گئے ہوں گے

تمھارے پیار کی منزل قریب کیا آتی
ہمارے واسطے رستے سمٹ گئے ہوں گے

○

○

نگاہ تجھ سے مِلی ہے تو کوئی بات نہیں
یہ بات عام ہوئی ہے تو کوئی بات نہیں

گلی گلی سے ترا تذکرہ کریں گے ہم
چمن میں تیری کمی ہے تو کوئی بات نہیں

ہماری بات بھی ہوگی اِسی بہانے سے
تمھاری بات چلی ہے تو کوئی بات نہیں

ہماری آنکھوں میں آنسو ہوں دل میں رنج والم
اگر یہ تیری خوشی ہے تو کوئی بات نہیں

بس آپ ہو کے گذر جائیں صحنِ گلشن سے
بہار روٹھ گئی ہے تو کوئی بات نہیں

رشید شہیدی

جاگتی راتیں

یہاں تو اپنے نشیمن کی فکر ہے سب کو
چمن میں آگ لگی ہے تو کوئی بات نہیں

رشید سے کبھی ہم کو بھی واسطہ تھا کوئی
یہ بات تم نے کہی ہے تو کوئی بات نہیں

جاگتی راتیں

○

چمن میں جانے یہ کس کی کمی کا چرچہ تھا
کلی کلی پہ کسی کی ہنسی کا چرچہ تھا

غمِ جہاں درِ دل سے پلٹ گیا کیونکہ
ہمارے دل میں فقط آپ ہی کا چرچہ تھا

سکوتِ قلب میں ہلچل تھی اک سکوں کیلئے
تمہارے درد سے وابستگی کا چرچہ تھا

میں خود کو ڈھونڈھ کے پلٹا تو اپنی نظروں میں
خود اپنے آپ سے شرمندگی کا چرچہ تھا

ٹہل رہی ہے جہاں موت آج گلیوں میں
اُسی مقام پہ کل زندگی کا چرچہ تھا

جاگتی راتیں

کل اتفاق سے چھیڑا جو میں نے ذکرِ وفا
ہر اک زباں پہ فقط آپ ہی کا چرچہ تھا

اسی کو لائے ہو بستی سُدھارنے کے لئے
کہ جس کے نام سے غارتگری کا چرچہ تھا

مسرّتوں کے تسلّط سے تھا جو ویرانہ
تمھارے غم سے وہیں تازگی کا چرچہ تھا

دیارِ ظلم میں اور قاتلوں کی بستی میں
ترا وجود نئی زندگی کا چرچہ تھا

بہت اُداس تھا جانے کدھر گیا کل شب
مرے وجود میں جس آدمی کا چرچہ تھا

زمینِ جسم اُگاتی ہے خوں کی بارش میں
سروں کی فصل غمی اور زندگی کا چرچہ تھا

جاگتی راتیں

○

وہ آئیں شہر میں خوشبو کا قافلہ ٹھہرے
اس انتظار میں کچھ دیر تو صبا ٹھہرے

یہ زندگی کا شب و روز مشغلہ ٹھہرے
نگاہ تجھ سے ملی ہے تو سلسلہ ٹھہرے

تمھارا عکس امانت سمجھ کے رکھ لوں گا
جو چند لمحے مرے دل کا آئینہ ٹھہرے

ہمیں تو یاد نہیں تیری یاد کے جھونکے
کب آئے، کب گئے، کس وقت کس جگہ ٹھہرے

لکیریں ہاتھوں کی ساکت رہیں تو بات بھی ہے
ہمارے جینے کا کوئی تو آسرا ٹھہرے

جاگتی راتیں

تمہارے شہر میں دل ڈھونڈتا ہے نقشِ قدم
ہماری آنکھوں کے سجدے تو جا بجا ٹھہرے

ہمیں زمانے کی خوشیوں سے واسطہ ہی کیا
کہ ہم ازل سے ترے غم سے آشنا ٹھہرے

گواہی دینے کو اُن نیم خواب آنکھوں میں
ہماری آنکھوں کا کوئی تو رَت جگا ٹھہرے

○

جاگتی راتیں

○

ہمارے دل کے قریب آؤ، ہماری یادوں کے زخم دیکھو
ہماری آنکھوں میں جھانک کر تم ہمارے خوابوں کے زخم دیکھو

بظاہر اس زندگی کا گلشن ہے دیکھنے میں سجا سجایا
جو دیکھنا ہو خلوصِ دل سے تو میری آہوں کے زخم دیکھو

نہ چھیڑو سازِ نفس خدارا بکھر چکے ہیں اب اس کے نغمے
نہیں ہے اب کچھ بھی اس میں باقی تم اس کے تاروں کے زخم دیکھو

تمھاری محفل کے ان چراغوں سے روشنی پھوٹتی ہے لیکن
وہ جن کی لو تھرتھرا رہی ہے انہیں چراغوں کے زخم دیکھو

یہ کس نے سینچا ہے اپنے خوں سے، کہاں سے آئی چمن میں سرخی
سمجھنا چاہو تو غور سے تم گلوں کے غنچوں کے زخم دیکھو

جاگتی راتیں

اِسے متاعِ خلوص سمجھوں، فریب سمجھوں کہ خواب سمجھوں
ہیں آج تک میرے بازوؤں پر تمہاری بانہوں کے زخم دیکھو

اِک آہ بھر کر خمار آلودہ چشم ڈالی ہے ہم نے اُن پر
اب اُن کے گالوں پہ غور سے تم ہماری آنکھوں کے زخم دیکھو

ہمارے دل ہی میں رہنے والے ہماری حالت نہ جان پائے
رشیدؔ کی مسکراہٹوں ہی میں اس کے اشکوں کے زخم دیکھو

O

جاگتی راتیں

○

صبح ہی سے آج کیسا ہو رہا ہے ازدحام
پھر نئے انداز سے شاید ڈھلے بستی میں شام

لے کے ٹوٹے آئینے خوابوں کے اور اشکوں کے جام
ہم بھی کر لیں مختصر سا تیری بستی میں قیام

جستجوئے ترکِ انا اور انکساری ہو اگر
اپنی ہستی خود بنا لیتی ہے محفل میں مقام

صبح کو آزاد کر کے رات کی زنجیر سے
ذہن تھک کر ڈھونڈتا ہے پھر تری یادوں کی شام

رت جگے بیچے نہیں ہیں ہم نے کر ڈالے ہیں وقف
تیرے ملنے اور بچھڑنے کے حسیں موسم کے نام

جاگتی راتیں

جانے پھر تیاریاں ہیں کس کے استقبال کی
سجتی ہیں تازہ میلیں جمع ہوتے ہیں عوام

یوں تو ڈھلتی شام کے منظر حسیں ہیں عام ہیں
ہر جگہ ملتی نہیں لیکن تری زلفوں کی شام

کوئی پیاسا تھا لبِ دریا ہوئیں صدیاں رشید
آج بھی اشکوں کے سجدے ڈھونڈتے ہیں وہ مقام

○

جاگتی راتیں

ہمارے دل پہ مقدّر جو مہرباں ہوتا
تو شبِ غم میں وہ اشکوں کا پاسباں ہوتا

زمیں پہ ظلم و ستم کا نہ راج ہوتا کبھی
جو سرپرستی کو سر پر نہ آسماں ہوتا

چھپائے پھرتا ہوں مدّت سے خواب کے پیکر
کہ ان نگاہوں میں کوئی تو میہماں ہوتا

وہ کرتا جلتی ہوئی چشمِ نم کا گر احساس
تو رت جگوں کی امانت کا پاسباں ہوتا

جو راس آتیں اجالوں کی صحبتیں مجھ کو
بتاؤ کیوں میں اندھیروں کے درمیاں ہوتا

جاگتی راتیں

تمہارے شہر میں بے چہرہ لوگ کیوں بستے
اگر صلیب بنانے کا فن گراں ہوتا

نگاہِ برق کی عزت اُسے بھی مل جاتی
کسی چمن میں جو میرا بھی آشیاں ہوتا

خود اپنی آہوں سے قابو میں کرلیا ورنہ
یہ دل کی بستی کا منظر دھواں دھواں ہوتا

ہمیں بھی روز نشیمن کی خیریت ملتی
تمہارے شہر کا موسم جو رازداں ہوتا

میں خود بھی وقت کی لُو میں جھُلس کے رہ جاتا
اگر نہ آپ کی پلکوں کا سائباں ہوتا

رشیدؔ کھُل کے اگر عرضِ حالِ دل کرتا
غزل کا اُس کی ہر اک لفظ داستاں ہوتا

جاگتی راتیں

○

یہ کیسی جگہ ہے یہ کیسی زمیں ہے
جہاں سر بسجدہ فلک کی جبیں ہے

ترا غم عطا ہو گیا زندگی کو
مجھے اب خوشی کی تمنّا نہیں ہے

نہ جا توڑ کر میرے دل کا گھروندہ
کہ تو اس گھروندہ کا تنہا مکیں ہے

یہ تم کونسے شہر سے آ رہے ہو
ہیں لب خشک اور خوں میں تر آستیں ہے

میں کب تک سناؤں یہ غم کی کہانی
مسلسل بھی ہے مختصر بھی نہیں ہے

جاگتی راتیں

میں خوشبو کی بارش میں نم ہو رہا ہوں
تمہارا تصور ہی کتنا حسیں ہے

اکیلا مجھے چھوڑ کر تم نہ جاؤ
خدا کی قسم میرا کوئی نہیں ہے

رشیدؔ اُن کا وعدہ کبھی پورا ہوگا
مجھے ہے گماں اور دل کو یقیں ہے

O

رشید شہیدی

جاگتی راتیں

○

یہ ربط جانئے کیا ہے عجیب لگتا ہے
نظر کا فاصلہ دل سے قریب لگتا ہے

ہر ایک شخص اسیرِ صلیب لگتا ہے
تمہارے شہر کا موسم عجیب لگتا ہے

ہمیں نے رات کے سینے سے صبح لائی ہے
ہمارا عزم سحر کا نقیب لگتا ہے

گلہ زمانے کی گردش سے اب نہیں کوئی
خفا ہمیں سے ہمارا نصیب لگتا ہے

یہ پیچ و خم سے بھری زندگی کی راہوں میں
تمہارا ساتھ عجیب و غریب لگتا ہے

۴۳

جاگتی راتیں

نہیں خبر بھی ہے یہ شہر مصلحت ہے رشید
یہاں قیام تمھارا عجیب لگتا ہے

○

دو شعر

کیا جانیے کس بات کی اس دل کو خلش ہے
جلتے ہوئے کچھ زخم ہیں اور اُن میں تپش ہے

یہ کون ہیں بتلایا نہیں جاتا کسی کو
جن کے لئے آراستہ مقتل کی روش ہے

○

جاگتی راتیں

○

تازہ زخموں کے نئے پھول کھلاتے جاتے
خانۂ دل کے در و بام سجاتے جاتے

قہقہے مارنے والے نہ ذرا لاتے جاتے
مسکرانے ہی کا کچھ راز بتاتے جاتے

خونِ ناحق ہوا، ہر اک کی زباں پر تھا مگر
خوں بہا، کس کو دیا جائے بتاتے جاتے

دل تو ہر سمت سے اک آس لئے بیٹھا ہے
آنکھیں تھکتی ہیں تری راہ میں آتے جاتے

شہر کا شہر ہی حالات کے تھراؤ میں تھا
کب تلک قلب کو زخموں سے بچاتے جاتے

جاگتی راتیں

کلیاں پژمردہ چمن موسمِ گُل سے مایوس
آپ آتے تو نئے پھول کھلاتے جاتے

دل میں اک زخمِ تمنّا کے سوا کچھ بھی نہیں
"یہ بھی آزار چلا جائے گا جانے جاتے"

لاشیں مقتل سے اٹھانا تو بڑی بات نہ تھی
شہر کے لوگ اگر ہاتھ بٹاتے جاتے

کس سے کھوئی ہوئی یادوں کا پتہ پوچھے رشیدؔ
آپ ہوتے تو اُسے یاد دلاتے جاتے

○

جاگتی راتیں

○

کرتے ہیں ترے شہر میں جینے کے جتن لوگ
سہہ لیتے ہیں، پی جاتے ہیں ہر رنج و محن لوگ

میدانِ محبت میں نہ روکے انہیں کوئی
باندھے ہوئے آتے ہیں یہاں سر سے کفن لوگ

جلنے کی نشیمن کے خبر عام ہوئی کیا
پرسے کے لئے آتے ہیں کیوں سوئے چمن لوگ

مجھ کو تو ترے قرب سے سرد آہیں ملی ہیں
کہتے ہیں تجھے آج تلک شعلہ بدن لوگ

تو اپنے کیے پر نہ پشیمان ہوا کر
اس طرح سے بن جاتے ہیں موضوعِ سخن لوگ

جاگتی راتیں

○

عمر تھی بے ثبات پھولوں کی
ہو گئی ختم رات پھولوں کی

رنگ، نکہت، شگفتگی، نرمی
تجھ میں ساری صفات پھولوں کی

حسرت آثار ہے بساطِ چمن
جیت گلچیں کی، مات پھولوں کی

اوج پر طالعِ خزاں کب تک
جانے کب ہو نجات پھولوں کی

دلِ شبنم سے پوچھئے جا کر
نکہتِ التفات پھولوں کی

جاگتی راتیں

خار بھی دوستی جتانے لگے
بڑھ گئیں مشکلات پھولوں کی

ہے گلستاں کے زیست کی ضامن
مختصر سی حیات پھولوں کی

آپ کا ذکر بار بار آیا
جب بھی نکلی ہے بات پھولوں کی

وہ چلے میرے گھر سے زلف بدوش
کوئی دیکھے برات پھولوں کی

جس کی کانٹوں پہ زندگی گذرے
کیوں کرے گا وہ بات پھولوں کی

حادثہ ہے چمن کا لٹ جانا
سانحہ ہے وفات پھولوں کی

جاگتی راتیں

چل رہی ہے ہوائے زہر رشید
ہائے شاخِ نبات پھولوں کی

○

دو شعر

نکلا ہے کیوں سماج کے رشتے سمیٹنے
تو خود ہی اپنی ذات کو تقسیم کر کے دیکھ

غم کی لطافتوں پہ نچھاور ہے ہر خوشی
یہ مختصر سی بات ہے تسلیم کر کے دیکھ

○

جاگتی راتیں

○

نہیں منزل سے واقف قافلہ سالار لکھ ڈالو

ہمارے ذہن کی یہ بھی ہے بیدار لکھ ڈالو

سنبھالے کون کب تک چھوڑ دو دشوار لکھ ڈالو

ہے سارا شہر ہی گرتی ہوئی دیوار لکھ ڈالو

گرانی، مفلسی، بیروزگاری، بھوک کے تحفے

عطا کرتی ہے سب کچھ وقت کی سرکار لکھ ڈالو

محبت نام کی شئے سے کوئی واقف نہیں ہوگا

یہی ہیں آنے والے دور کے آثار لکھ ڈالو

اجارہ داریاں اور چاپلوسی جزو لازم ہیں

ادب کی محفلوں کا ہے یہی معیار لکھ ڈالو

یہاں فن بیچنے کا فن بھی اک اچھی علامت ہے
لہو اوروں کا اور اپنا قلم اشعار لکھ ڈالو

کسی کا پیٹ بھرنے کو کسی کا پیٹ کٹتا ہے
یہی کچھ کر رہی ہے آج کی سرکار لکھ ڈالو

پھر اس کے بعد بھر دو اشتہار اور فلم کی خبریں
یہ سب کچھ جمع کر کے آج کا اخبار لکھ ڈالو

جاگتی راتیں

○

تمہاری بزم میں لب ہائے بستہ کھول لیتے ہیں
ہمیں پتھر نہ سمجھو ہم بھی اکثر بول لیتے ہیں

مئے عشرت کے ساغر ہم کبھی خالی نہیں پیتے
کچھ اس میں تیرے غم کی تلخیاں بھی گھول لیتے ہیں

تمہاری یاد میں جب ضبطِ غم ممکن نہیں ہوتا
بساطِ دل پہ ہم اشکوں کے موتی رول لیتے ہیں

متاعِ آب و گِل پر ہے مکمل دسترس اُن کی
جو خوشیاں بیچ کر اپنی ترے غم مول لیتے ہیں

خرد مندوں کی بستی میں رشیدؔ آپ آ گئے کیسے
یہاں آئینہ بن کر شخصیت کو تول لیتے ہیں

جاگتی راتیں

نگاہ اُن کی تھی قاتل صفات کیا کرتے
نہ چاہتے ہوئے کھائی ہے مات کیا کرتے

لبوں کے پیچھے تھا آہوں کا قافلہ شائد
وہ مسکراتو رہے تھے یہ بات کیا کرتے

جلائے بیٹھے تھے کچھ لوگ دل کے زخموں کو
بہت طویل تھی تاریک رات کیا کرتے

ہمارے اشک مسرت کا پیش خیمہ تھے
سمجھ میں اُن کے نہ آئی یہ بات، کیا کرتے

بہت ہجوم تھا زخموں کا غم کی بستی میں
تلاش ایسے میں ہم اپنی ذات کیا کرتے

جاگتی راتیں

یہ جلتا شہر تو اپنا ہے چھوڑتے کیونکر
اُدھار مانگ لی راہِ نجات کیا کرتے

تمہاری یادوں کے منظر بھی چھن گئے جب ہیں
خود اپنے ہاتھ کی ریکھا سے بات کیا کرتے

غموں کی دھوپ میں سائے تو ساتھ رہتے ہیں
ہمارے حصّے میں آئی تھی رات کیا کرتے

عجیب دَور ہے شہرت کے واسطے کچھ لوگ
ضمیر بیچ کے لائے ہیں ذات کیا کرتے

وہ تھک کے لوٹے تھے ممکن ہے ٹھوکریں کھا کر
خود اپنے زخموں سے ہم کھُل کے بات کیا کرتے

جو بہرے بن کے سماعت کو دے رہے ہوں فریب
"ہم اُن کی بزم میں جاتے تو بات کیا کرتے"

جاگتی راتیں

ہوائے زہر تھی گلشن میں پا گرفتہ ہوئے
الجھتی جاتی تھی شاخِ نبات کیا کرتے

شکستہ درد کے تہذیب کے کھنڈر میں رشیدؔ
بدلتے چہروں سے کھائی ہے مات کیا کرتے

جاگتی راتیں

○

اشک خوشیوں کا رازداں بھی ہے
غم کی پر سوز داستاں بھی ہے

جس کے ہاتھوں میں ہے چھپا خنجر
وہی بستی کا پاسباں بھی ہے

وقت کی لُو میں آسرے کے لئے
تیری پلکوں کا سائباں بھی ہے

بجلیوں کا بھی خوف ہے دل میں
"فکرِ تعمیرِ آشیاں بھی ہے"

تیری بستی میں کل بہے گا لہو
بات یہ راز ہے عیاں بھی ہے

جاگتی راتیں

آپ کا غم امانتِ فطرت
اک سہارا ہے جاوداں بھی ہے

سوچتا ہوں معاہدہ کر لوں
دل میں اک شخص مہماں بھی ہے

چوستی ہے زمین خونِ بشر
سرپرستی کو آسماں بھی ہے

○

جاگتی راتیں

○

ایسا ہے ان کے شہر میں اب پیار کا مزاج
آندھی میں جیسے ریت کی دیوار کا مزاج

بستی میں اُن کی ویسے تو سب خیریت سے ہیں
ہاں خوشگوار ہے رسن و دار کا مزاج

تاریخ کی کتاب سماج آج کا نہیں
پھر کیوں تلاش کرتے ہو ایثار کا مزاج

مصروفِ جستجو ہوں میں تنہا نگر نگر
اور ڈھونڈتا ہوں آج کے معیار کا مزاج

ہو جس کا شہر مسکنِ آشوب دوستو
وہ کیا بتائے گا لب و رخسار کا مزاج

جاگتی راتیں

چلتی ہے میرے شہر میں افواہوں کی ہوا
کیسا ہے تیرے شہر کی دیوار کا مزاج

ماحول کے تقاضوں کی تکمیل کے لئے
تبدیل ہو گیا مرے اشعار کا مزاج

چوری، فساد، قتل، سیاست، فریب، جھوٹ
ایسا ہی کچھ ہے آج کے اخبار کا مزاج

تم حق کی بات کرنے سے پہلے ہی اے رشید
معلوم کر لو وقت کی سرکار کا مزاج

○

جاگتی راتیں

○

غم جو مل جائے تو سینے سے لگا لیتے ہیں لوگ
پھر خوشی سے کس لئے دامن بچا لیتے ہیں لوگ

یوں زمانے سے ترے غم کو بچا لیتے ہیں لوگ
درد کے فانوس میں خود کو چھپا لیتے ہیں لوگ

آئینہ خانوں میں شیشہ کے گھروں میں بیٹھ کر
ہم یہ جانے کس لئے پتھر اُٹھا لیتے ہیں لوگ

مٹ گئی رسمِ محبّت مصلحت کے دَور میں
ہے تعجب آج بھی نامِ وفا لیتے ہیں لوگ

قلب میں جلتی ہوئی ہر یاد کو ہر آگ کو
آنسوؤں سے ہو کہ آہوں سے بُجھا لیتے ہیں لوگ

جاگتی راتیں

اشکِ غم، دل کی جلن، آہوں کے اور یادوں کے زخم
شہرِ الفت سے بتاؤ اور کیا لیتے ہیں لوگ

پیار کی صورت میں ہو یا اشکِ تر کی شکل میں
مانگ کر اپنی محبّت کا صِلہ لیتے ہیں لوگ

اُن سے ملنے تک تھے ہم اس فن سے ناواقف رشیدؔ
دل سی شئے بھی کس سلیقہ سے چُرا لیتے ہیں لوگ

○

جاگتی راتیں

O

عیش و عشرت کی فضاؤں میں خوشی تھک جائے گی
غم نہ ہوں گر قلب میں تو زندگی تھک جائے گی

جانے کب تک ہوں لبِ اظہار پر پابندیاں
کب تلک گھُٹتی رہے گی خامشی تھک جائے گی

آپ آنے میں اگر تاخیر فرمائیں حضور
منتظر آنکھوں کی ساری روشنی تھک جائے گی

آزمائش کا تسلسل اب نہیں ہوگا تمام
اِس کشاکش میں تو ممکن ہے صدی تھک جائے گی

تم نہ آؤ گے تو سینے میں لئے پتوں کا زخم
صرف تنہا گُل نہیں ہر پنکھڑی تھک جائے گی

آپ ہی دامن بڑھا دیجے گا از راہِ کرم
ورنہ ممکن ہے کہ آنکھوں کی نمی تھک جائے گی

کب تلک بکھرے رہیں گے تیرگی کے شہر پر
منتظر کب تک رہے گی روشنی تھک جائے گی

جائیے مجھ کو نہ جلتے خواب سے چونکائیے
آپ کے پلکوں کی ٹھنڈی چھاؤں بھی تھک جائے گی

دل شکستہ سی ادھوری رہگذاروں پر رشیدؔ
کب تلک چلتی رہے گی زندگی تھک جائے گی

○

جاگتی راتیں

○

آتا ہے کنارے پہ ٹھہر جاتا ہے کوئی
طوفان سے ٹکرا کے گذر جاتا ہے کوئی

تنہائی نے اکثر یہی محسوس کیا ہے
رستا ہے کوئی زخم تو بھر جاتا ہے کوئی

جس بزم میں خوشیوں کو لٹایا کبھی اپنی
اُس بزم سے بادیدۂ تر جاتا ہے کوئی

پہلے تو دریِ ذہن پہ رُک جاتا ہے آکر
پھر قلب کی وادی سے گذر جاتا ہے کوئی

کل تک تو اسی شہر میں تھا اس کا ٹھکانہ
کیا جانے رشید آج کدھر جاتا ہے کوئی

جاگتی راتیں

○

پھر تصوّر میں اُبھرتی ہے سنورتی ہے نظر
پھر مری زیست کا عنوان بدلتی ہے نظر

یوں بھی تنہائی میں جلتی ہے سسکتی ہے نظر
رات بھر شمع کی مانند پگھلتی ہے نظر

جب کبھی اک پل کے لئے آپ سے ملتی ہے نظر
مدتوں نشّہ کے عالم میں بہکتی ہے نظر

چھَن کے آتی ہے دریچوں سے حیا کی سُرخی
جب بھی پلکوں کی ردا اوڑھے ٹہلتی ہے نظر

بارہا بن کے تماشائی یہ دیکھا ہم نے
غم کی وادی سے بھی خاموش گذرتی ہے نظر

جاگتی راتیں

جب بھی تاریکیاں تنہائی کی بڑھ جاتی ہیں
چاندنی بن کے مرے دل میں اترتی ہے نظر

اس کو دلچسپی نہیں شہر کے افسانوں سے
دل کی روداد بڑے شوق سے سنتی ہے نظر

صبر کی حد میں تو پی جاتی ہے اشکوں کی ندی
ضبط برہم ہو تو پھر خون اگلتی ہے نظر

ذہن کے، قلب کے آئینہ ہیں تنہا تنہا
تیرے چہرے کی زیارت کو ترستی ہے نظر

جب بھی تنہائی کے لمحوں کا ملا قرض اسے
بیتے لمحوں کے اندھیروں میں بھٹکتی ہے نظر

نیم وا جب کبھی ہو جاتے ہیں لب زخموں کے
ایسے زخموں کو بھی اشکوں ہی سے بھرتی ہے نظر

جاگتی راتیں

دستکیں دینے کا فن ہاتھ مرے بھول گئے

اب ترے شہر سے چپ چاپ گذرتی ہے نظر

تھک کے آتے ہیں جو تنہائی کے صحرا سے رشیدؔ

گرد چہرے کی بڑے پیار سے چنتی ہے نظر

○

نئی بندش غزل کا پیرہن محسوس کرتا ہے
مرا لہجہ نیا طرزِ سخن محسوس کرتا ہے

کوئی مانے نہ مانے میرا من محسوس کرتا ہے
مری آہوں کو اک شعلہ بدن محسوس کرتا ہے

میں اک پل بھی نہیں تنہا، ہے تیری یاد سے رشتہ
یہ دل تنہا تجھے اک انجمن محسوس کرتا ہے

مری تنہائیوں کے جب کبھی شعلے بھڑکتے ہیں
تمہارے قرب کی گرمی بدن محسوس کرتا ہے

طویل ایسی بھی کیا ہوگی یہ راہیں عشق کی آخر
کہ دل نیت سے پہلے ہی تھکن محسوس کرتا ہے

○

خوشبو سے یہ دل ہے مرا بدظن کئی دن سے
او جھل ہے نظر سے ترا دامن کئی دن سے

گر خود کو سمجھنے کی تمنا ہو تو دیکھو
ہر شعر میں پوشیدہ ہے درپن کئی دن سے

ہر شخص ترے شہر کا کیوں مجھ سے خفا ہے
بیٹھا ہے اسی بات کی الجھن کئی دن سے

ہے وقت نکل آؤ اندھیروں کی فضا سے
تاریکیاں میں اک شمع ہے روشن کئی دن سے

دھندلے سے سبھی نقش ادھورے ہیں ابھی تک
تعمیر کی حد میں ہے نشیمن کئی دن سے

جاگتی راتیں

○

ٹکرائیں اُن سے نظریں تو ساغر بدل گئے
آنکھوں کی تشنگی کے مقدر بدل گئے

ویرانہ تھیں میرے شہر کا خوشیاں محبتیں
آج اُن امانتوں کے بھی تیور بدل گئے

راہِ نجات ڈھونڈ رہی ہیں سرتیں
وہ کیا کریں کہ پیار کے رہبر بدل گئے

خوشبو کے بادلوں میں گھرا تھا ہمارا شہر
برسات ہونے والی تھی منظر بدل گئے

سچائی سے گریز علامت ہے امن کی
کتنے مزاج شہر کے تیور بدل گئے

شیطانیت نے اوڑھ لی تہذیب کی ردا
انسانیت کے جسم پہ جب سر بدل گئے

حالات کے بہاؤ میں بے چہرگی کے ساتھ
سمجھوتہ کرنے کے لئے پیکر بدل گئے

کنگن رسن بنے ہیں تو پازیب بیڑیاں
بستی دلہن تو اب بھی ہے زیور بدل گئے

رشید شہیدی

جاگتی راتیں

غلطی کر کے پشیمان بھی ہو سکتا ہے
وہ فرشتہ ہے تو انسان بھی ہو سکتا ہے

اُس نے جانا ہی نہیں ہمسفری کا مفہوم
ایک سایہ کہ نگہبان بھی ہو سکتا ہے

مدّتوں بعد یہی عشق کا حاصل نکلا
عہد کر کے کوئی انجان بھی ہو سکتا ہے

کارِ مشکل جسے کہتے ہیں محبّت ہم لوگ
آپ گر چاہیں تو آسان بھی ہو سکتا ہے

شدّتِ غم سے پریشان نہ ہونے والا
تیری زلفوں سے پریشان بھی ہو سکتا ہے

زیرِ لب اُس نے کہا تھا دمِ رخصت جو رشید
ہائے وہ لفظ کہ دیوان بھی ہو سکتا ہے

جاگتی راتیں

○

ویسے تری نگاہ میں اک آئینہ ہوں میں
لیکن بدن میں ٹوٹ کے بکھرا ہوا ہوں میں

نکھری ہے جب کبھی تری یادوں کی چاندنی
خوشبو کی اوس پڑتی رہی نم ہواؤں میں

جو جل رہا ہے آس میں آندھی کی زد پہ بھی
یادوں کی رہ گذر پہ اک ایسا دیا ہوں میں

غم ہوں عطا تو جینے کی کچھ آس بھی بندھے
خوشیوں کے راستوں پہ بہت تھک گیا ہوں میں

ہر ایک کی کتاب میں تنہا ورق ورق
اپنی کہانی آج تلک ڈھونڈتا ہوں میں

جاگتی راتیں

بستی کی ہر گلی میں ہیں مقتل سجے ہوئے
اور زندگی کے مدِّ مقابل کھڑا ہوں میں

دشمن ہے کون، دوست مرا کون ہے رشید
ہر ایک کی نگاہ کو پہچانتا ہوں میں

○

○

جب کبھی تیری یاد آئی ہے

دل نے کیا کیا شکست کھائی ہے

مجھ کو سب کچھ ملا خوشی کے سوا

جو تری زندگی میں آئی ہے

میں نے خوشیوں سے منھ ہی موڑ لیا

غم میں لذّت کچھ ایسی پائی ہے

نیم شب، انتظار، سنّاٹا

شمع کی لو بھی تھرتھرائی ہے

ضبطِ الفت ہی آزمانے کو

داستانِ الم سنائی ہے

جاگتی راتیں

آپ کیا آگئے خدا کی قسم
زندگی جیسے لوٹ آئی ہے

جس نے دیکھے خزاں کے جور و ستم
وہ کلی بھی تو مسکرائی ہے

کیا ضرورت ہے عرضِ حال کی اب
آپ نے بھی تو چوٹ کھائی ہے

اُن کا در ہو کہ اُن کے نقشِ قدم
سر جھکانے میں کیا بُرائی ہے

شاید اب ساحلِ فنا ہے قریب
کشتیٔ زیست ڈگمگائی ہے

ہم نے غم سے نباہ کی ہے رشیدؔ
اپنے حصّہ کی چیز پائی ہے

جاگتی راتیں

○

چہرے محسوس یہ کرتے ہیں کہ من جلتے ہیں
اور چپ چاپ صلیبوں پہ بدن جلتے ہیں

آزمائش کی نمائش بھی نہ راس آئی انہیں
اُن کی بستی میں تو اب دار ورسن جلتے ہیں

تیری جانب جو تصوّر میں بھی اُٹھتی ہے نظر
تیرے چہرے کی تمازت سے نین جلتے ہیں

سادے اوراق سمجھ کر ہی اُلٹتے جاؤ
من کی پُستک میں اب الفاظ کے بن جلتے ہیں

جسمِ آوارہ کبھی یوں بھی بجھا لیتے ہیں پیاس
آئے دن شہر میں خوشبو کے بدن جلتے ہیں

جاگتی راتیں

کس کی یادوں نے درِ دل پہ یہ دستک دی ہے
دل کی دہلیز پہ اشکوں کے نین جلتے ہیں

ایسے عالم میں کس امید پہ چٹکے گی کلی
گل کی خوشبو سے بھی سنتے ہیں چمن جلتے ہیں

اب یہ عالم ہے کہ تنہائی کے صحرا میں رشید
لاشیں گھر ڈھونڈتی ہیں اور کفن جلتے ہیں

جاگتی راتیں

○

کیا خبر کون آرہا ہے شہر میں
ہر روِش آراستہ ہے شہر میں

کس سے ہم پوچھیں پتہ اب آپ کا
جو بھی ہے نا آشنا ہے شہر میں

کیا بتائیں ہم تو ہیں صحرا نورد
کیا خبر کیا ہو رہا ہے شہر میں

آپ جب سے مہرباں ہم پر ہوئے
ہر کوئی ہم سے خفا ہے شہر میں

کس سے امیدِ وفا رکھیں رشید
آج ہر اک بے وفا ہے شہر میں

جاگتی راتیں

ہم آرزوؤں کا مسکن تلاش کرتے ہیں!
اُجڑ گیا ہے جو گلشن تلاش کرتے ہیں

ہے ضبطِ درد بھی مشکل تھمے ہیں اشکِ الم
ہم اپنے ظرف کا دامن تلاش کرتے ہیں

تمھاری زلف جو بکھری تو مے کشی کے لئے
ہم اُن گھٹاؤں میں ساون تلاش کرتے ہیں

چراغِ درد لیے آئے ہیں وہ پہلو میں
ہم اپنے قلب کی دھڑکن تلاش کرتے ہیں

زمانہ ہو گیا بجلی کو گر کے لیکن ہم
چمن میں اب بھی نشیمن تلاش کرتے ہیں

جاگتی راتیں

○

تری تلاش میں بستی کی ہر گلی سے ملے
پلٹ کے آئے تو پھر اپنے آپ ہی سے ملے

نہ چاہتے ہوئے جب اپنے آپ ہی سے ملے
تو یوں لگا کسی صحرا میں اجنبی سے ملے

اب اس مقام پہ معیارِ بندگی ہے جہاں
جبیں سے نقشِ قدم بڑھ کے خود خوشی سے ملے

تصورات کی بستی بھی سونی سونی ہے
زمانہ ہو گیا اے دوست زندگی سے ملے

میں تیری آنکھوں سے کچھ خواب قرض لے لوں گا
کہ دشتِ شب میں ہمیں زادِ رہ تجھی سے ملے

جاگتی راتیں

ہم اپنے شہر سے دُوری کے ایک عرصہ بعد
پلٹ کے آئے تو سب غم سلامتی سے ملے

چمن میں آپ کی موجودگی کا علم ہوا
تو جھونکے بادِ صبا کے کلی کلی سے ملے

عبور کر کے میں خوش تھا فصیلِ شب لیکن
طویل دن کے اُجالے بھی تیرگی سے ملے

کیا ہے جب بھی تعاقب نگاہِ دل نے کبھی
ہماری یادوں کے سائے تری گلی سے ملے

زمیں کے چہرے پہ کیوں جا بجا خراشیں ہیں
اسے یہ زخم بھی ممکن ہے تشنگی سے ملے

جاگتی راتیں

○

ہم خوشیوں سے گھبراتے ہیں معلوم نہیں کیوں
غم ہو تو بہل جاتے ہیں معلوم نہیں کیوں

ہم میکدہ بر دوش بلانوشِ ازل ہیں
گرتے ہیں سنبھل جاتے ہیں معلوم نہیں کیوں

نظروں میں جو پھر جاتی ہیں بیتی ہوئی باتیں
کچھ اشک نکل آتے ہیں معلوم نہیں کیوں

افسانے محبّت کے ہیں باقی وہی لیکن
عنوان بدل جاتے ہیں معلوم نہیں کیوں

پوچھا کہ ہے کیوں ترکِ محبّت کا ارادہ
منھ پھیر کے فرماتے ہیں معلوم نہیں کیوں

جاگتی راتیں

آنکھوں کے دیوں میں کبھی نہیں روشنی باقی
اب سنتے ہیں وہ آتے ہیں معلوم نہیں کیوں

کیا بات رشید آپ بہت کھوئے ہوئے ہیں
ہر بزم سے اُٹھ آتے ہیں معلوم نہیں کیوں

○

جاگتی راتیں

○

تو مرے واسطے قاتل ہے مسیحا کیا ہے
حال پوچھا ہے تو ہر زخم نہاں رِستا ہے

تیری یادوں کے تصوّر میں ہوا ہے یوں بھی
ہم نے خود اپنی ہی منزل کا پتہ پوچھا ہے

ہو کے مایوس جو لوٹا ہوں میں تجھ بن تنہا
اجنبی جان کے اپنوں نے مجھے لُوٹا ہے

میرے آنسو کے لئے آپ کا دامن کب تک
جائیے میرے مقدّر میں یہی لکھا ہے

میں نے جب آنکھ اٹھائی ہے مسرت کی طرف
خیر گذری کہ ترے غم نے وہیں ٹوکا ہے

جاگتی راتیں

یہ فقط آپ کی نظروں کا اثر ہے ورنہ
ایک دو جام کے پینے سے کوئی بہکا ہے

نگہہِ ناز کا اُن کی یہ کرم ہے کہ رشیدؔ
جیسے ہر شخص بھرے شہر میں تنہا سا ہے

○

رشید شہیدی

جاگتی راتیں

○

اِسی انداز سے رکھو گے وعدہ کا بھرم کب تک
ادائیں جائیں گی کھاؤ گے تم جھوٹی قسم کب تک

خدا جانے ملیں گے آپ کے نقشِ قدم کب تک
بچھائے راہ میں بیٹھے رہیں ہم چشمِ نم کب تک

تجھے جس وقت جانا ہو ہمیں اتنا بتاتی جا
جہاں جائے گی لوٹ آئے گی واں سے شامِ غم کب تک

کیا ہے ہم نے تھک کر در کے رشتوں سے سمجھو تہ
ہمارا ساتھ دیں گے آپ کی زلفوں کے خم کب تک

ضروری تو نہیں ہر دور میں حالات ہوں یکساں
"ترے لب پر ہنسی کب تک، مرے حصّہ میں غم کب تک"

جاگتی راتیں

چلے آؤ لیے بیٹھے ہیں حسرت دید کی دل میں
تمہیں کہہ دو رہے گا منتظر آنکھوں میں دم کب تک

ترے لہجہ کی گرمی نے حرارت بخش دی ورنہ
لہو تنہا مرا ہوتا مرے گیتوں میں ضم کب تک

○

جاگتی راتیں

○

یاد آئی تری اک زمانے کے بعد
کچھ سکوں مِل گیا مُسکرانے کے بعد

ہم بھی ترکِ محبّت کی کھالیں قسم
اِک ذرا آپ کو آزمانے کے بعد

کون تنہائیوں میں رہے گا قریب
یہ بھی سوچا مجھے بھول جانے کے بعد

آپ زحمت نہ کیجے خدا کے لئے
خود سنبھلتے ہیں ہم لڑکھڑانے کے بعد

برق کا فرض ہے رحم کھائے وہ کیوں
ہم نے سوچا نشیمن بنانے کے بعد

جاگتی راتیں

کچھ سکوں مِل گیا اشک بھی تھم گئے
شدّتِ غم میں بھی مسکرانے کے بعد

اک نشہ سا ہوا پیاس بھی مِٹ گئی
تجھ سے نظریں مِلیں جام اُٹھانے کے بعد

جیسے سب کچھ مجھے مِل گیا اے رشیدؔ
اُس کے در پر جبیں کو جھکانے کے بعد

○

جاگتی راتیں

○

سطحِ دریا پہ تھا ڈھونڈو نہ تہہِ آب مجھے
"موج در موج بہالے گیا سیلاب مجھے"

کیجے خوشیوں کے سمندر میں نہ غرقاب مجھے
راس آتے ہیں بہت اشکوں کے سیلاب مجھے

سانس لینے کا سلیقہ نہیں آتا جن کو
وہ سکھائیں گے بھلا جینے کے آداب مجھے

دل کے زخموں کو نمایاں نہیں ہونے دوں گا
ہاں یہی زخم تو کر دیتے ہیں سیراب مجھے

ایسے دریا سے تو دھرتی کی ہے خشکی بہتر
پیاسا ساحل پہ کھڑا ہوں نہ ملا آب مجھے

جاگتی راتیں

قتل، غارتگری، دریوزہ گری، لوٹ کھسوٹ
یہ تو لگتے ہیں مرے شہر کے آداب مجھے

آپ زلفوں میں نہ چہرے کو چھپائیں اپنے
بادلوں میں بھی نظر آتا ہے مہتاب مجھے

رَت جگوں کا ہے بڑا بوجھ مری پلکوں پر
اب خدارا کوئی لوٹا دے مرے خواب مجھے

دِل سی اِک شئے کی تمنّا لئے پھرتا ہوں رشیدؔ
اب تو یہ شئے بھی نظر آتی ہے کمیاب مجھے

O

جاگتی راتیں

○

فضائے دشت میں اک ایسی زندگانی ہوں

نہ سُن سکا جسے کوئی میں وہ کہانی ہوں

ذرا سی چھیڑ سے آنکھوں کے بند ٹوٹیں گے

نہ مجھ پہ پھینکئے پتھر میں ٹھہرا پانی ہوں

خود اپنے جسم کے اندر میں ایک مدت سے

کسی کے درد کے احساس کی روانی ہوں

پناہ لینے کو در کھٹکھٹاتا ہوں دل کا

خود اپنی ذات کے اندر میں لامکانی ہوں

نہ وقت ضائع کرو میری جستجو میں کہ میں

کسی کتاب کی بھٹکی ہوئی کہانی ہوں

جاگتی راتیں

زمانے بھر کی نگاہوں سے کیوں نہ چھپتا پھروں
کہ تیرے غم کی میں چھوڑی ہوئی نشانی ہوں

ملے جو وقت تو پڑھ لو کہ ختم ہو جاؤں
کتابِ زیست میں الفاظ کی روانی ہوں

○